MANUEL LEMUS & H. G. BOURGEOIS

BREVE NOTICIA SOBRE HONDURAS (1897)

ERANDIQUE
COLECCIÓN

BREVE NOTICIA SOBRE HONDURAS: DATOS GEOGRÁFICOS, ESTADÍSTICOS E INFORMACIONES PRÁCTICAS (1897)
MANUEL LEMUS & H. G. BOURGEOIS

©Colección Erandique
Supervisión Editorial: Obed García/Óscar Flores López
Diseño de portada: Andrea Rodríguez
Administración: Tesla Rodas—Jessica Cordero
Director Ejecutivo: José Azcona Bocock
Primera Edición
Tegucigalpa, Honduras—Enero de 2026

CARTA AL PRESIDENTE POLICARPO BONILLA

Comayagüela: 24 de junio de 1897.

Señor Presidente:

El poco conocimiento que se tiene de Honduras en el exterior se hace tanto más notable para el viajero que, por primera vez la visita, cuanto que desde el momento en que pisa este suelo comienza a admirar la abundancia y la variedad de los ricos elementos que posee y que encarnan un porvenir de gran prosperidad.

La buena opinión que se forma a primera vista se desarrolla y confirma a medida que se recorre el país y se estudian, en detalle, cada uno de estos elementos; pero no puede menos que extrañarse de ver que permanece en atraso y relativa pobreza, lo que origina el deseo de investigar la o las causas que producen tal fenómeno.

Nosotros, después de haber hecho esta investigación, tal vez someramente, hemos llegado a concluir que la principal causa de un hecho tan anormal existe en la ignorancia en que viven los países del viejo mundo, de donde los pueblos desbordan sobre el continente de Colón[1], en busca de bienestar, de la existencia y de las favorables condiciones que ofrece esta privilegiada sección del suelo americano, al trabajador inteligente y decidido y al capitalista emprendedor.

En consecuencia, creemos que todo cuanto tiende a dar a conocer a Honduras en el exterior es trabajo no solamente útil sino necesario. Creemos también que este trabajo no debe retardarse, porque cada día perdido representa una pérdida para Honduras y una pérdida para aquellos de nuestros semejantes que pudieran venir a encontrar aquí la prosperidad y la holgura, contribuyendo, a su vez, con su contingente al progreso y al desarrollo del país.

Este es el móvil, unido al deseo de ser en algo útiles a Honduras, en donde tan benévola acogida se nos ha dispensado, que nos impulsó a hacer el pequeño trabajo que, con el título de "Breve Noticia sobre Honduras", tenemos el honor de someter al justo criterio del Señor Presidente y de su ilustrado Gabinete, para que, si lo juzgan

5

conveniente, se dignen otorgarle su aprobación, autorizarnos para publicarlo en diferentes idiomas en el exterior, y prestarnos su valioso auxilio por las vías que más parezcan conducentes, para que esta publicación sea verdaderamente provechosa.

Este trabajo, señor Presidente, es sin perjuicio del que la Comisión de que tenemos la honra de formar parte está preparando más detallado, científico y completo, en cumplimiento de la misión que el Gobierno de la República Francesa le ha confiado.

Haciendo votos por la prosperidad del pueblo que acertadamente le ha confiado sus destinos, y por la felicidad personal de Ud., tenemos el honor, señor Presidente, de presentarle nuestros respetos y de suscribirnos sus obedientes servidores.

Henry G. Bourgeois,
Ingeniero civil.

Manuel Lemus,
Secretario.

Señor Doctor Don Policarpo Bonilla, Presidente del Estado.

Policarpo Bonilla, presidente de Honduras a finales del Siglo XIX.

RESPUESTA DEL PRESIDENTE POLICARPO BONILLA

Tegucigalpa: 30 de junio de 1897.

Señores:

He recibido la atenta comunicación de Uds., fecha 24 del pasado junio, acompañando el trabajo intitulado "Breve Noticia sobre Honduras", que sometieron a mi criterio y al de mi Gabinete para que, a juzgarlo conveniente, se le apruebe con la autorización para publicarlo en el exterior, en diferentes idiomas, y se le dé el apoyo y auxilio que parezcan del caso, para que la publicación sea realmente provechosa.

Estimando que el referido trabajo satisface en parte la necesidad que tenemos de dar a conocer en el exterior el país, y que en concreto lo presenta tal como es, mi Gobierno le otorga su aprobación, autoriza a Uds. para publicarlo en diferentes idiomas, y en acuerdo por separado se han expedido las disposiciones conducentes para facilitar la publicación en español, en alemán, en inglés, en francés y en italiano.

El Gobierno espera que Uds., animados del mismo celo que han demostrado hasta ahora, por el adelanto de Honduras, continuarán en esa obra, por la que merecerán el reconocimiento del pueblo hondureño.

Con muestras de verdadera consideración y aprecio, quedo de Uds. atento servidor.

P. Bonilla.

A los señores Henry G. Bourgeois y Manuel Lemus, miembros de la Comisión Científica de Francia en Centro-América. —Presentes.

GEOGRAFÍA Y POBLACIÓN

Situación Geográfica

El Estado de Honduras, República Mayor de Centro-América, está situado entre los 13° y 16° de latitud Norte y los 86° y 91° 20' de longitud Oeste del Meridiano de París.

Límites

Está limitado al Norte por el Océano Atlántico, al Este por el mismo Océano y el Estado de Nicaragua, al Sur por este mismo Estado y el Océano Pacífico (Bahía de Fonseca), al Sudoeste por el Estado de El Salvador, y al Oeste por la República de Guatemala.

Islas

Este Estado comprende varias islas: al Norte, en el Atlántico: Roatán, Guanaja, Útila, Barbareta, Morat y Elena; al Sur, en el Pacífico (Bahía de Fonseca): Zacate Grande, El Tigre, Güegüenci, Exposición y otras menores.

Extensión

Comprendiendo las islas, se calcula la extensión de Honduras en 45.000 millas geográficas cuadradas aproximadamente. Sus costas por el lado Norte miden 400 millas, más o menos, y por el lado Sur, 60 millas.

Aspecto Físico, Clima, Estaciones

El suelo de Honduras es montañoso. La cordillera de los Andes atraviesa el Estado de Noroeste á Sudoeste, y los ramales que de ella se destacan desde sus cimas hacia las costas del Norte y del Sur forman hermosos y extensos valles fértiles, regados por numerosos ríos y riachuelos, que sólo esperan la acción benéfica del labrador y el movimiento de los ferrocarriles, para convertirse en centros de vida, de acción y de valiosa producción.

11

En todos estos valles, lo mismo que en las diversas mesetas que se escalonan desde las partes más elevadas de la cordillera hasta el nivel del mar, se goza de climas salubres; en algunas partes templadas, deliciosos, en donde puede decirse que reina una eterna primavera; en otras, cálidos, y en las partes superiores, hasta fríos, según las alturas a que se encuentran y los vientos predominantes.

Honduras es, entre los países intertropicales, el que ofrece una mayor superficie de climas templados y, con excepción de algunas de las extremas costas, condiciones de salubridad inmejorables.

Las estaciones se determinan por la caída o la ausencia de las aguas.

La estación lluviosa que principia en el mes de mayo y termina en octubre, en la mayor parte del territorio, se denomina Invierno, y la estación seca Verano. En las costas del Norte dura hasta cinco meses, de abril a agosto, sin dejar de llover de vez en cuando.

En resumen, el aspecto físico de Honduras es granjoso y sus climas variados, salubres y agradables.

Hidrografía (Ríos, Lagos)

Varios son los ríos que riegan el suelo de Honduras, unos que desembocan en el Atlántico y otros en el Pacífico.

Numerosos son los que desembocan en el Atlántico, de los cuales muchos son navegables en distancias de consideración hacia el interior; pero los principales entre éstos son:

1.º El río Chamelecón, que nace en los alrededores de Santa Rosa, departamento de Copán, y desagua al Oeste de la desembocadura del Ulúa;

2.º El río Ulúa, que es todo navegable, y toma este nombre al verificarse la confluencia del Humuya, Blanco y Veuta. Es también afluente importante el Sulaco, que con el Comayagua forman el Humuya;

3.º El río Aguán o Romano, que es también navegable y desemboca al Este del puerto de Trujillo, después de un curso de más de 120 millas;

4.º El río Tinto o Negro, que recorre una distancia, más o menos como el anterior, en una región muy rica, y es navegable en una grande extensión desde su desembocadura hacia el interior;

5.º El Patuca, que tiene su origen en las montañas de Salamá y es formado por numerosos afluentes, de los cuales los más afamados son: el Guayape, el Jalán y el Guayambre, cuyas riquezas auríferas son proverbiales. El nombre de Patuca lo toma al verificarse la confluencia del Guayamabre. Quizá no está lejos el día en que el Patuca sea la mejor vía de penetración hasta el centro del rico departamento de Olancho;

6.º El río Segovia o Wanks, que es navegable desde el Cabo de Gracias a Dios, en donde desagua hasta muy adentro en el interior. Este río limita en parte con las fronteras de los Estados de Honduras y Nicaragua.

Desembocan sobre el Pacífico en la Bahía de Fonseca: el Choluteca que, en su curso caprichoso y tortuoso, pasa por la actual capital del Estado (Tegucigalpa), el Nacaome y el Goascorán.

Los principales lagos son:

1.º El de Yojoa, que en un porvenir no lejano está llamado a servir de vía de comunicación hacia el interior, y a contribuir además al desarrollo de una zona de considerable extensión, susceptible de producir los frutos más variados, entre los cuales, el café de la mejor calidad figurará en primera línea, porque su cultivo está tomando allí incremento; los bordes del lago y las mesetas que se forman en las alturas a su alrededor, son de una salubridad excepcional y de una asombrosa fertilidad; el aspecto general del lago de Yojoa es verdaderamente pintoresco.

2.º El lago de la Criba o del Río Negro.

3.º El de Brus o Bewer.

4.º La Laguna Alvarado, que, comunicando con la Bahía de Puerto Cortés, será en el porvenir uno de los mejores puertos del mundo.

5.º La Laguna Quemada, cerca de Tela, que puede comunicarse con el mar y será también un excelente puerto.

6.º El de Caratasca, en el que desaguan varios ríos que arrastran gran cantidad de oro en polvo en sus arenas.

Hay tradiciones entre los aborígenes que aseguran que era de las regiones de Caratasca de donde salían las fabulosas riquezas en oro, que habían acumulado los Emperadores de México, antes de la conquista, y de las que varios historiadores hacen larga y fantástica mención. Nada de extraño que así sea, porque hay opiniones que parecen bien fundadas, de que en aquellas épocas remotas hayan llamado Caratasca á toda la inmensa extensión territorial, que es hoy conocida bajo las diferentes denominaciones de Olancho, Mosquitia y de Caratasca, riquísimas hasta la época presente en productos minerales de toda clase y principalmente en oro, como lo demuestran los placeres del Guayape, del Jalán, de El Dorado, del Guayambre, de los ríos que tributan sus aguas a la dicha laguna y los distritos mineros comprendidos entre el Guayape y el Jalán, entre el Jalán y el Guayambre y otros muchos que, aunque conocidos, sería prolijo enumerar, sin contar con las sorpresas que tan ricas zonas reservarán á inteligentes y competentes exploradores.

En el interior hay lagunas y lagunetas de poca importancia, pero que contribuyen a la fertilidad y a la belleza de las localidades en que se encuentran, como lo es la de la Hacienda de Quebracho, situada a cuatro leguas de la ciudad de Juticalpa y a una legua del pueblecito de San Nicolás, uno de los panoramas más pintorescos que sea dado ver al viajero en Honduras.

En diversas localidades se encuentran fuentes de aguas termales y minerales, cuyas virtudes no son todavía bastante apreciadas.

Orografía

Las principales montañas que en Honduras forman la cordillera o se destacan de ella, son: las del Merendón, Celaque, Opalaca, Puca, Montecillos, Lepaterique, Sulaco, Misoco, Pijo, Chile, Cangrejo y Poyas.

La sierra del Merendón sigue una dirección Noroeste y toma sucesivamente los nombres de Gallinero, Grita, Espíritu Santo y de Omoa. Esta última montaña domina el golfo de Honduras a una altura aproximada de 8.000 pies ingleses (2.606 metros 75 centímetros) sobre el nivel del mar.

Las montañas de Celaque circunscriben con las del Merendón y de Pacaya el valle de Sensenti, en el departamento de Santa Bárbara.

Las montañas de Opalaca o de Intibucá y de Puca se elevan al Este de las de Celaque, y algunas de sus cimas, bajo diferentes denominaciones, llegan a considerables alturas de 8, 9 y 10.000 pies ingleses (hasta 3.258 metros) sobre el nivel del mar.

Una parte de la misma cordillera denominada Montecillos se dirige hacia el Norte entre los valles de Otoro y de Comayagua, bifurcándose en seguida y formando entre esta bifurcación la cuenca del lago de Yojoa.

Las montañas de Comayagua están situadas al Este del valle del mismo nombre, y forman un grupo muy importante de la cordillera. La parte meridional de este grupo toma el nombre de montañas de Lepaterique. De esta parte de la cordillera se destaca un ramal llamado Cerro de Hule y Zacaulpa; y el río Choluteca, contornando este ramal, sigue todas las sinuosidades hasta ir a desaguar en la Bahía de Fonseca, en el Océano Pacífico.

Las montañas de Sulaco se encuentran en el centro del Estado, al Noroeste de las de Comayagua. De estas montañas de Sulaco se destacan las de Misoco al Noroeste, y las de Pijo al Norte.

La cadena de los Andes sigue de allí, en dirección Sureste, bajo las diferentes denominaciones de montañas de Chile, Macuelizo y San Marcos, hasta el cerro de Frijolillo, antes de penetrar en el Estado de Nicaragua.

Hay algunas cimas volcánicas, pero ninguna se encuentra en actividad, y es Honduras la única de las secciones que componen la América Central, que no está sujeta a las convulsiones volcánicas que con frecuencia se producen en las demás.

Altura (píes ingleses)

Nacaome	110
Perspire	200
Río Moramulca (en el paso)	390
La Venta	1,960
Sabanagrande	3,050
Nueva Arcadia	4,165
Cerro de Hule (meseta)	4,690
Rancho Quemado	3,310
Tegucigalpa	3,000
Protección	4,000
La Cuesta Grande (parte alta)	4,050

Comayagua	1,650
Agua Salada	3,986
Ococona (cuesta en lo más alto)	4,350
Siguatepeque	3,125
La Trinchera	3,550
Taulabé	1,500
La Cúspide	2,150
San José	1,750
Agua Blanca	1,100
Santa Bárbara	750
Guajiquiro	5,265
La Esperanza	4,950
Gracias	2,520
Santa Rosa de Copán	3,400

En las montañas de Omoa hay elevaciones de 8.000 pies, en las de Celaque las hay hasta de 10.000, y en las del Cangrejo hasta de 8.000.

División Político-Territorial

El territorio del Estado se divide en quince departamentos, que se denominan:

Departamentos	Cabecera
Tegucigalpa	Tegucigalpa (capital del Estado)
El Paraíso	Yuscarán
Choluteca	Choluteca
Valle	Nacaome
La Paz	La Paz
Comayagua	Comayagua
Yoro	Yoro
Cortés	San Pedro Sula
Santa Bárbara	Santa Bárbara
Copán	Santa Rosa de Copán
Gracias	Gracias
Intibucá	La Esperanza

Olancho	Juticalpa
Colón	Trujillo
Las Islas	Roatán

Esta división comprende: 23 ciudades, 14 villas, 193 pueblos, 888 aldeas y 1.910 caseríos.

Población

La población total del Estado es de 400.000 habitantes, aproximadamente.

La de las cabeceras departamentales es como sigue:

Tegucigalpa y Comayagüela (capital)	18,000
Yuscarán	4,100
Choluteca	6,400
Nacaome	6,400
La Paz	3,200
Comayagua	4,900
Yoro	4,800
San Pedro Sula	3,400
Santa Bárbara	3,800
Santa Rosa	6,900
Gracias	6,000
La Esperanza	1,100
Juticalpa	7,800
Trujillo	3,000
Roatán	2,800

NOTA. — En el número de habitantes de estas poblaciones están incluidas las de los alrededores.

ADMINISTRACIÓN GUBERNAMENTAL

Gobierno

El Gobierno de Honduras es republicano, democrático y representativo. Se ejerce por tres Poderes denominados Legislativo, Ejecutivo y Judicial, los cuales son independientes entre sí.

Según las varias Constituciones que se han dado, Honduras ha sido una República libre, soberana e independiente; pero se ha considerado siempre como una fracción disgregada de la antigua República de Centro-América. Últimamente, en ejecución de un pacto de confederación celebrado en Amapala, por iniciativa del Doctor don Policarpo Bonilla, presidente de Honduras, entre Honduras, El Salvador y Nicaragua, se constituyó la República Mayor de Centro-América, con una Dieta compuesta de un delegado por cada una de las partes, cuyo encargo es ejercer la soberanía transeúnte de los Estados. La Dieta se inauguró en San Salvador el 15 de septiembre de 1896; desde entonces las Repúblicas confederadas han asumido la denominación de Estados.

Poder Legislativo

El Poder Legislativo se ejerce por un Congreso de Diputados electos, popular y directamente, en voto secreto. La base de la elección es de un Diputado propietario y un suplente por cada diez mil habitantes.

El Congreso Legislativo se reúne en sesiones ordinarias, en la capital, el día 1.º de enero de cada año.

El Congreso aprueba o impropia la conducta del Ejecutivo, los tratados públicos y los contratos celebrados por éste.

Los Diputados del Congreso se renuevan por mitad cada dos años.

Poder Ejecutivo

El Poder Ejecutivo se ejerce por un ciudadano que se denomina presidente; en su defecto, por un vicepresidente, y a falta de éste por uno de los Designados, por su orden. El presidente y el vicepresidente son electos popular y directamente, también en voto secreto. El período presidencial es de cuatro años.

El presidente tiene la administración general del país, nombra los ministros y empleados, celebra contratos, levanta empréstitos y tiene el mando del ejército. En receso del Congreso, declara el estado de sitio; tiene la iniciativa de las leyes. El presidente y los ministros son solidariamente responsables de las providencias que tomen en contravención a la Constitución y las leyes.

Poder Judicial

El Poder Judicial se ejerce por una Corte Suprema de Justicia, compuesta de cinco Magistrados de elección popular, directa y secreta, y por los Tribunales superiores e inferiores que establezcan las leyes.

La Corte Suprema conoce de los recursos de casación, en el fondo y en la forma, en materia civil y criminal. Los Jueces de la Corte Suprema duran cuatro años en el ejercicio de sus funciones y pueden ser reelectos.

Hay cuatro Cortes de Apelaciones: una de ellas conoce solamente de asuntos civiles, otra exclusivamente de asuntos criminales, y dos de ambas materias.

Hay en cada departamento un Juez de Letras para lo Civil y lo Criminal.

En cada Municipio hay un Juez de Paz de elección popular, y en algunos hay dos, en atención al número de habitantes. Conocen de negocios civiles verbales y de las faltas. A prevención con los Jueces de Letras instruyen información sumaria sobre crímenes o delitos, hasta decretar prisión.

Hay también Juzgados de 1.ª Instancia, que conocen sólo de crímenes o delitos militares.

PRODUCCIÓN NACIONAL

Productos naturales

Los productos naturales del suelo de Honduras son tan variados como ricos. Los reinos mineral, vegetal y animal contienen, con pocas excepciones, todo cuanto la naturaleza produce en el Globo.

Maderas

El territorio de Honduras es rico en toda clase de maderas de construcción, de ebanistería y de propiedades medicinales e industriales.

La sola enumeración detallada de las maderas podría llenar páginas enteras. Baste, sin embargo, mencionar sus inagotables bosques de pino blanco y resinoso de la mejor calidad, el encino, el roble, el quebracho, el ronrón, el cortés, el palo de mora, el palo negro, el chilillo, el guachipilín, el zapotillo, el chico, el tempisque, el macuelizo, el liquidámbar, el palo de la vida, el bálsamo, el guayacán o hierro vegetal, el ébano, la caoba, el cedro, el hule, el palo de tinte, el yema de huevo, el corozo y muchos otros que existen, para comprender que este ramo de la producción natural del suelo hondureño es una de las fuentes de riqueza, para un porvenir que se acerca, esto es, cuando las vías de comunicación permitan la fácil exportación.

Plantas medicinales e industriales

Si se quisieran enumerar las plantas medicinales e industriales de la Flora hondureña, preciso sería escribir una obra completa; nos concretaremos a recordar las siguientes:

Plantas medicinales:

Zarzaparrilla, guaco, palo de la vida, higuerillo (Palma Cristi), sangre de drago, áloes, yerba del fraile, piñón, vivorana, verdolaga, tamarindo, vainilla, sonzapote, giguapate, sasafrás, saúco, salvia, ruda, romero, plátano, parietaria, papayo, orozuz, mechocán, matíari, maravilla, manzanilla, mamey, mango, malva, llantén, liquidámbar, lima, jate, estoraque é incienso, guarmo, pito, canlote, granado, gnicuite, gengibre, frijolillo, chichimorra, culantrillo, crespillo, corlonicillo, copalillo, copalché, contrayerba, calahuala, cebadilla, carao, cañafístola, conchalagua, aguacate, arrayán (cera vegetal), etc., etc.

Plantas industriales:

Maguey de todas clases (agave), pita floja (bromelia), algodón, achiote, palo de tinte o brasil, yema de huevo, cacao, coco, coyol, corozo, caucho o hule, vainilla, nacascolo, encino, pino resinoso, tabaco, diversas palmeras y juncos, etc., etc.

Productos agrícolas

Como ya se dijo, las producciones vegetales de Honduras son tan variadas como sus climas y como su suelo; pero la agricultura se encuentra muy poco desarrollada.

El fruto que hoy se exporta más es el banano, que se cultiva en escala relativamente grande, en la costa del Norte, exportándose a los Estados Unidos, por los puertos de Trujillo, La Ceiba y Puerto Cortés. Puede estimarse en dos millones y medio de racimos la exportación anual.

Viene en seguida el café, cuyo cultivo viene desarrollándose con bastante rapidez. La calidad del café de Honduras en nada cede a los tan afamados de Costa-Rica y Guatemala. La superficie cultivada de 1894 a 1895, era 106.732 manzanas y el café exportado subió a 189.339 arrobas, lo que corresponde a 2.177.397 kilogramos, sin contar con el café que se consume en el interior del país. Hay vastas extensiones de terrenos incultos, propicias para el cultivo de este precioso grano.

El cultivo y la exportación del tabaco se desarrolla bastante en los departamentos occidentales. El cultivo y el beneficio dejan mucho que desear, y a pesar de todo, este tabaco está considerado como uno de los mejores del mundo. El de Copán obtuvo en la Exposición de New Orleans la mayor recompensa. Hay muchos terrenos, tanto en los departamentos de Occidente, como en los del Sureste, propios para este cultivo que es de tan rápido producto, como de cuantiosa remuneración.

El añil o índigo se cultiva también en pequeña escala, pero su calidad es superior, por lo que su explotación puede tomar mucho incremento.

El cacao, la caña de azúcar, el algodón, el maíz, el fríjol, el trigo, las papas, el arroz, etc., se cultivan para el consumo interior.

Debe advertirse respecto del arroz, que aquí se produce indistintamente en los terrenos secos y en los húmedos, siendo su calidad superior. El arroz de Honduras es muy solicitado en los EE. UU. para semilla.

En una palabra, puede decirse que en Honduras se producen todos los granos y frutos de las zonas tórrida y templada, según las alturas a que se cultivan: que todos son de buena calidad, y que sólo faltan habitantes en número suficiente y buenas vías de comunicación para convertir el Estado de Honduras en un centro de gran producción y de riqueza agrícola, que es la verdadera riqueza de las naciones.

El cultivo del banano, del limonero, del naranjo y de la piña, promete hoy opimos frutos, en la costa Norte, a las personas que quieran dedicarse inmediatamente a él. Los terrenos son allí abundantes y muy fértiles, siendo también baratos; la mano de obra no escasea, las vías de comunicación fáciles, y el insaciable mercado de los EE. UU. á proximidad.

Ganadería

La ganadería es actualmente una de las mejores fuentes de riqueza en Honduras. Se exportan cada año a Guatemala, El Salvador y Belice, de 20 a 25 mil y más cabezas de ganado vacuno; pero el estado en que se encuentra este ramo de industria agrícola puede considerarse como absolutamente primitivo, y no cabe duda de que, cuando a él se dediquen la atención, el estudio y cuidados que se merece, llegará a ser fuente de inagotable riqueza.

Existen extensos territorios propios para la crianza de los ganados vacuno, caballar y de lana, con climas inmejorables.

Las razas que hay en el país son buenas, pero degeneradas; necesario es, pues, mejorarlas con cruzamientos adecuados.

Las enfermedades epidémicas, que en otras regiones diezman con frecuencia los ganados, son hasta ahora desconocidas en Honduras.

Es, por otra parte, errónea la idea general que se tiene de la existencia de numerosos tigres, serpientes y otros animales dañinos que lo atacan. En una excursión de exploración de más de seis meses, a través del país, no hemos visto ni un tigre y apenas una que otra serpiente.

Tanto para empresas agrícolas, propiamente dichas, como para haciendas de crianza, se consiguen terrenos nacionales y de particulares en condiciones muy ventajosas.

Minas

Familia de un minero en Yuscarán.

Si Honduras es rico en los reinos vegetal y animal, en el reino mineral es verdaderamente privilegiado; los flancos de sus montañas encierran toda clase de metales: oro, plata, platino, telurio, cobre, plomo, zinc, estaño, níquel, hierro, carbón de piedra; piedras preciosas, como el ópalo y probablemente la esmeralda y el diamante; rocas de cantera, como mármol, granito, etc.; productos para la

24

industria, como la sal, el alumbre, nitrato de potasa (salitre), azufre, amianto, mica, etc., etc.

Innumerables son los ríos, riachuelos y quebradas que arrastran oro en sus arenas, y tanto en los lechos como en las riberas de éstos, hay bancos y depósitos de arena y conglomerados auríferos de mucha riqueza.

Los ríos más afamados son el Guayape y el Jalán, de donde los españoles, durante la época colonial, extrajeron fabulosas cantidades de oro; pero ni en estos dos ríos, ni en sus numerosas afluentes El Panal, El Rosario, El Almendárez, El España, etc.; ni en los ríos Guayambre, Tinto, Siale, Manguille, Paujay y muchos más que arrastran oro en sus arenas, y que no pueden mencionarse en una reseña tan breve como la presente, no se han establecido explotaciones de lavados, organizadas convenientemente; la primitiva batea ha sido el único instrumento empleado, y el que, con una sola excepción, sigue empleándose.

A pesar de todo, el lavado de oro continúa siendo el patrimonio de muchas poblaciones, en donde las mujeres solamente se ocupan en practicarlo, consagrándole tres o cuatro horas al día y no lavando más que muy superficialmente.

La cantidad de oro extraída de esta manera, anualmente, varía entre fr. 750.000 ($ 150.000) á fr. 1.250.000 ($ 250.000), según que la estación de lluvias ha sido más o menos copiosa. Con frecuencia se encuentran pepitas de 1, 2, 3 y hasta 7 y más onzas.

Es imposible calcular, ni aun aproximadamente, las cantidades de oro libre que existen entre las arenas y pedruscos y conglomerados de las afamadas zonas de Olancho, Yoro, Minas de Oro, El Dorado, Caratasca, Sensenti, Las Quebradas, etc., etc.; pero, sin temor de incurrir en error, puede decirse que más de un Estado europeo podría cancelar su deuda pública con el producto de la extracción del oro, que puede extraerse con beneficio totalmente de algunas de estas regiones, sin tomar en cuenta la explotación de incontables minas de oro, de plata y de otros metales de que está sembrado el suelo de Honduras.

La única empresa de lavado que en la actualidad se encuentra bien organizada, es la que pertenece al ciudadano americano don Federico Bell, sobre la Quebrada Grande del Rucio, de donde saca beneficios de mucha consideración. La modestia y la reserva del señor Bell son las únicas causas por las que su empresa no es bastante conocida; pero ella está demostrando ampliamente que cuando el capital y el trabajo se dirijan hacia este país, y sean convenientemente aplicados, encontrarán una remuneración, tal, como California, Australia y el Transvaal no dieron jamás.

La explotación de minas, propiamente dicha, se encuentra, puede decirse, en un estado incipiente; porque, aunque existen muchas minas en explotación, los procedimientos que se emplean para la extracción y beneficio de las brozas son rudimentarios, no existiendo, al presente, sino pocas empresas organizadas al estilo moderno, y prosperando, como son: la "New York and Honduras Rosario Mining Company," "The Monserrat Consolidated Mining Company (Limited)," "Zürcher Hermanos, Compañía Minera," "Kinsley Minining Company," "Zelaya Company," "Smart Mining & Milling Company."

Hay algunas en vía de formación y otras reorganizándose, como la célebre de "Guayabillas," "San Martín," "Oro y Tarros," "Animas," etc., etc., etc.

En una tan breve noticia no es posible mencionar, siquiera, las numerosas zonas o distritos mineros dignos de estudio y consideración, porque habría para llenar muchas páginas; pero después de haber explorado una gran parte de esos distritos, se llega a concluir:—que el territorio de Honduras está sembrado de minas, más o menos ricas, y que, sin exageración ninguna, puede asegurarse que no hay en el universo explorado otra región en donde, a igualdad de superficie, se encuentre acumulada mayor variedad ni mayor cantidad de riquezas minerales.

Muy pocos datos se pueden tomar sobre la producción del oro y de la plata, así como de las piedras preciosas.

La adquisición de pertenencias y de zonas minerales se hace con la mayor facilidad: el Gobierno protege y ampara, por cuantas vías son posibles, el establecimiento y el desarrollo de toda clase de empresas mineras: en vez de gravarlas con impuestos, las exonera de los derechos fiscales de la maquinaria y útiles necesarios para su implante miento; les presta toda clase de garantías y seguridades y, finalmente, el pueblo hondureño simpatiza y ayuda eficazmente a los empresarios que a ellas se dedican, sean nacionales o extranjeros, con tal que éstos se abstengan de tomar parte en las contiendas de los bandos políticos.

Los disturbios revolucionarios que de vez en cuando afligen a Honduras, como a los demás países Latinoamericanos, en muy poco o nada afectan la marcha de las empresas mineras.

Industria

A pesar de que en Honduras existen las materias primas más variadas, la industria se halla en el estado embrionario.

La tenería o curtiembre se practica con bastante éxito, y la suela, la vaqueta y la badana que se producen en diferentes lugares son de buena calidad.

La talabartería y la zapatería están bastante adelantadas. En Yuscarán se ha establecido últimamente una fábrica de calzado, cuyos productos pueden competir con los de fabricación extranjera.

La fabricación de objetos de jarcia (cordelería) con la fibra del maguey (agave) de diferentes clases, se practica en varios lugares, bastando para el consumo interior.

En los departamentos occidentales, y principalmente en Santa Bárbara, se fabrican sombreros de junco (Panamá o Jipijapa) de muy buena clase, que se consumen en el país y se exportan también a Guatemala, El Salvador y Belice.

También se fabrican sombreros de hoja de otra palmera para el consumo interior.

En algunas localidades se dedican a la fabricación de petates (esteras), de una clase de junco que llaman tule.

Se extraen aceites de diferentes granos y huesos de frutas, pero en pequeña escala; pronto tomará la industria de la fabricación del aceite de coco grande incremento, porque hay en la Costa Norte considerables extensiones cubiertas de cocoteros, cuya explotación está para llevarse a cabo.

En algunos lugares se preparan telas ahuladas, cuya calidad se dice superior a la de las importadas.

Se fabrica el hielo artificialmente en San Pedro Sula y en el puerto de La Ceiba. En este último lugar hay establecida una fábrica de fósforos.

En los departamentos occidentales, pero principalmente en la ciudad de Santa Rosa, se fabrican puros de muy buena clase, aunque los ordinarios dejan mucho que desear.

El aguardiente que se destila del jugo de la caña de azúcar es de buena calidad, pero podría ser mucho mejor si se aplicasen procedimientos más adecuados.

En muy pequeña escala se fabrican vinos de marañón, de coyol y de corozo. Esta industria puede tomar un gran desarrollo cuando sea convenientemente dirigida y manejada.

Está para inaugurarse en la capital, Tegucigalpa, una fábrica de cerveza, cuyo éxito no puede ser sino favorable.

Comienza a establecerse la fabricación de artículos de yeso.

Vasto campo ofrece Honduras para el establecimiento de muchas industrias que, bien conducidas, no pueden menos que dar resultados considerables.

Ojalá que la Escuela de Artes y Oficios que hay establecida en la capital y es actualmente dirigida por un hombre competente, produzca los benéficos efectos que de ella hay derecho a esperar.

Comercio

El comercio del Estado se hace principalmente con Alemania, Bélgica, Estados Unidos, Francia, Guatemala, Inglaterra y Colonia Inglesa de Belice, Isla de Cuba, Nicaragua y El Salvador.

Los artículos que más se importan son: tejidos de algodón, lana, lino y seda, quincallería, maquinaria de minería, implementos agrícolas, vinos, conservas alimenticias, harina, productos farmacéuticos, drogas, etc.

En el año económico de 1895 a 1896, las importaciones subieron a 16.024.142 libras de peso, con un valor principal de $ 1.392.417.97, dejado a beneficio del Estado, y por razón de derechos, $ 459.440.17.

La exportación fue, aproximadamente, de:

Oro y plata	1,150,000.00
Café: (50.000 quintales)	750,000.00
Ganado: (25.000 cabezas)	400,000.00
Bananas	400,000.00
Cocos	125,000.00

Tabaco   200,000.00
Maderas, índigo, sal, pieles, zarzaparrilla, cancho, sombreros, ópalos, etc.   100,000.00

Total, valor en oro   3,125,000.00

Anuncio de 1897. Las medicinas estaban entre los productos que Honduras más importaba.

El comercio del Estado toma cada día mayor incremento, y la construcción del ferrocarril interoceánico, que parece estar próxima, lo mismo que la construcción del ferrocarril eléctrico, que está para principiarse de Trujillo a Puerto Cortés, imprimirá un gran impulso al movimiento de este país, que está llamado a ser uno de los más florecientes de Centro-América.

Establecimientos Bancarios

Como institutos Bancarios y de Crédito no existe, por hoy, más que el Banco de Honduras, el que, por condiciones especiales, puede corresponder en muy poco a los fines de su fundación.

Un banco organizado independientemente y con bases verdaderamente sólidas, no solamente realizaría brillantes negocios, sino que contribuiría poderosamente al desarrollo de la riqueza de un país fecundo en toda clase de elementos naturales.

El oneroso tipo de interés, que es el mínimum de 24 por ciento al año (!!) cuando lograse encontrarse, es el principal obstáculo a la marcha de los negocios, y por consiguiente del progreso de la Nación.

VÍAS Y MEDIOS DE COMUNICACIÓN

El ferrocarril, que debió en un tiempo ser interoceánico, de Puerto Cortés, en el Norte, a la Bahía de Fonseca, en el Sur, no corre hoy más que una distancia de sesenta millas, de Puerto Cortés á La Pimienta. Atraviesa una zona muy fértil y se mantiene principalmente con la exportación de la banana. Se trata de continuarlo hacia el interior y más tarde hasta el Sur. Aunque hoy ha perdido mucho de su importancia, como vía interoceánica, su construcción contribuiría poderosamente al desenvolvimiento de esta tan rica sección de Centro-América.

Hay una carretera trazada, y que á muy poco costo podría repararse y ponerse en uso, desde Santa Bárbara hasta Tegucigalpa, y de este lugar al puerto de San Lorenzo, en el Sur; la que existe, está en actual servicio para el transporte de mercaderías. Muy pronto una Compañía Norteamericana pondrá diligencias y carros que recorrerán estas dos carreteras en conexión con el ferrocarril del Norte.

Hay también una carretera de Tegucigalpa a la empresa minera "The New York and Honduras Rosario Mining C." en San Juancito, que en una distancia de 7 leguas sirve para el trasporte de la maquinaria y útiles para la Compañía.

Existe un trazo de carretera de Tegucigalpa á Yuscarán, por donde, algunas veces, pasan carretas; pero que, por sus condiciones, sólo puede considerarse como un camino de herradura.

La capital está conexionada en todas las cabeceras departamentales y demás poblaciones principales, así como con Guatemala, El Salvador y Nicaragua, por caminos de herradura; así es que el principal vehículo de condición que se emplea es la mula.

Los trasportes son, por consiguiente, caros.

Correos

Honduras se ha adherido a la Convención Postal Universal, y pueden ya mandarse encomiendas a los Estados Unidos de Norte-América. Este servicio público está bien organizado y bien hecho por un total de 237 oficinas, de las cuales 22 son de primera clase, 42 de segunda y 173 de tercera.

Hay un correo semanal para Europa y los EE. UU. del Norte por Puerto Cortés, y dos por Amapala, cada mes.

El movimiento del año anterior ha sido:
Piezas

Recibidas	435,491.00
Expedidas	370,456.00
Total	805,947.00
Piezas rezagadas	1,254.00

Certificados:

recibidos	13,719.00
expedidos	12,451.00
Total	26,170.00

Telégrafo, teléfono, cable

El telégrafo es nacional. La extensión de los hilos de la red telegráfica era en julio de 1896 de 2.667 millas inglesas.

Funcionaban 132 oficinas servidas por 464 empleados. El servicio está bien hecho.

La tarifa de los despachos es la siguiente:

Por las primeras diez palabras o fracción de diez entre cualquiera oficina de Centro-América: $ 0.25 plata

Por cada cinco palabras más o fracción de cinco: $ 0.12½

Los despachos en idiomas extranjeros pagan doble tarifa.

Hay en la capital y en algunas otras poblaciones, servicio de teléfono con conductores especiales. Además, la mayor parte de las cabeceras departamentales y algunas otras poblaciones como Amapala, están comunicadas con la capital por teléfono, para lo cual se aprovechan los hilos telegráficos en las horas reglamentarias en que este servicio está suspenso.

El servicio de cables se hace por La Libertad, estación de El Salvador, en donde tiene su oficina la Compañía que subvenciona los

Gobiernos de ambos países. La tarifa es variable, según las fluctuaciones del cambio de la plata.

Puertos
Sobre el Pacífico

Mayores	Menores
Amapala	La Brea
San Lorenzo	
El Pedregal	
Las Conchas	
El Aceytuno	

Sobre el Atlántico

Mayores	Menores
Puerto Cortés	
La Ceiba	
Trujillo	
Roatán	Omoa
Puerto Sal	
Triunfo de la Cruz	
Concordia	
Balfate	
Iriona	

Línea de vapores

Tres líneas de vapores tocan en Amapala, en la Costa Sur: la "Pacific Mail Steamship Company" (americana) y las Compañías "Kosmos" y "Kursten" (alemanas).

El servicio de la Pacific Mail C. es no solamente irregular, sino que el trato que se da a los pasajeros, y principalmente en los vapores costeros, es el peor que puede tenerse. Es de desear que los Gobiernos de Centro-América se entiendan para desembarazarse de este servicio que, no sólo es malo, sino funesto por sus fatales influencias y por sus tendencias.

En Puerto Cortés tocan semanalmente, conduciendo el Correo, los vapores de la línea Macheca, de New Orleans, lo mismo que el vapor de la Lotería que hace un viaje mensual.

Los vapores Otteri, de New Orleans, sirven con toda regularidad los puertos de La Ceiba y Trujillo.

Una línea de vapores que sale de New York y que pasa por Jamaica toca regularmente en Puerto Cortés.

Hay también una línea alemana que hace con regularidad el servicio de los puertos del Norte.

Los puertos de la Costa Norte son muy salubres y las epidemias son raras.

Finanzas Públicas y Tesoro Nacional

Rentas Nacionales

El Gobierno tiene un presupuesto que sube a $ 2.250.000 (plata).

Las rentas principales son la de aduanas, de aguardiente, de especies timbradas, etc., que producen lo suficiente para cubrir sus erogaciones y atender a los intereses y amortización de la deuda pública. En el año fiscal de 1895 a 96 pagó por este ramo $ 144.419.80 (plata).

Deuda Pública

La deuda pública de Honduras puede dividirse en tres categorías:

1.º — Deuda aceptada por el actual Gobierno, pero contraída por los anteriores, cuyo monto es un total de $ 2.015.822.08 (plata).

2.º — Deuda procedente de los Gobiernos que precedieron al actual, pero que no está aún reconocida por el presente, que se calcula en una cantidad aproximada de $ 3.500.000.00 (plata).

3.º — Deuda contraída por empréstitos en el exterior por los Gobiernos anteriores, y que solamente tiene relación con las operaciones practicadas para construir un ferrocarril interoceánico, del que no existe más que una pequeña sección de 60 millas. Esta deuda es aproximadamente de $ 30.000.000.00.

IDIOMA Y RELIGIÓN

Idioma

El idioma que se habla en Honduras es el español.

Hay algunos pueblos de aborígenes entre los que va extinguiéndose el uso de idiomas y dialectos primitivos.

En las islas del norte se habla el inglés y el Caribe, pero el idioma oficial es el español.

El inglés se habla más que cualquier otra lengua extranjera.

Religión

Ante la Constitución todas las religiones son iguales, y creemos que es el único país de América Latina donde no existe el fanatismo religioso, al menos en el sentido de crear dificultades políticas, porque no hay cuestiones religiosas.

Carácter de los habitantes

A pesar de lo heterogéneo de las razas que han contribuido a formar la población actual de Honduras, puede afirmarse que hay un carácter general, cuyos principales distintivos son: la honradez, la hospitalidad y el amor a la familia y a la patria.

Pasa en Honduras un hecho que merece mencionarse: Hay numerosos individuos del pueblo que se dedican a servir de correos libres, sin estar sujetos a matrícula ni a inscripción, y a quienes puede confiarse cualquier cantidad para transportarla a cualquier distancia, y hasta hoy no se ha dado el caso de que el correo se la haya apropiado o que haya sido robado en el camino, porque aquí no hay salteadores; pero para cosas, es que si a ese mismo correo, tan fiel y cumplido, se le da prestada una cantidad, por insignificante que sea, vale más considerarla como perdida, si no se quiere recurrir a la intervención de la justicia para exigir el reembolso.

Las empresas mineras remiten desde el centro del país a los puertos, cargados en mulas y sin escolta, todos sus productos, hasta en los momentos revolucionarios. No hay memoria de que una conducta se haya perdido.

Achacan muchos de indolencia al hondureño, y es éste un reproche injusto, porque aunque es cierto que hay indolentes y perezosos, éstos abundan por todas partes en el Universo; pero basta visitar las minas en explotación, las cementeras que se hacen en bajos y montañas cada año, consultar la Estadística de los arreadores de ganado y de los numerosos habitantes de Honduras que salen a trabajar en las empresas ferrocarrileras y agrícolas de las Repúblicas vecinas, para convencerse de lo contrario.

Es, sí, poco emprendedor, porque carece de ejemplos y de apremiantes necesidades. Los benignos climas de que se goza y la exuberancia de la naturaleza, le permiten satisfacer las pocas necesidades que tiene, a costo de muy poco trabajo.

Otra de las principales causas que contribuye a que el hondureño no trabaje con más ahínco, es la falta de mercados para sus productos, por las malas y escasas vías de comunicación con que cuenta.

INSTITUCIONALIDAD PÚBLICA

La instrucción es Laica y gratuita. La instrucción primara es obligatoria para los niños de 7 a 15 años de edad.

La enseñanza es libre.

La instrucción se divide en primaria, superior y profesional.

El número de escuelas primarias era en 1896 de seiscientas ochenta y tres, de las cuales 26 eran privadas. Asistió un total de 23,767 alumnos. Se invirtieron en la instrucción primaria $139,000.00 (plata)

Había 23 escuelas superiores o complementarias, de las cuales ocho estaban anexas a los colegios de la segunda enseñanza, y de estos eran once: asistieron a estos establecimientos 1,588 alumnos.

En la Universidad que existe en la capital se hacen los estudios profesionales. Las Facultades de Jurisprudencia y Ciencias Políticas, de Medicina y Cirugía y de las Ciencias Exactas o Ingeniería, están regidas por una Junta Directiva, que preside un Decano. En la ciudad de Comayagua hay una segunda Facultad de Jurisprudencia y Ciencias Políticas.

Bibliotecas

La Biblioteca más importante es la Nacional que se encuentra en el edificio de la Universidad; contiene: 949 obras con 2,450 volúmenes bien empastados, 800 folletos y obras a la rústica, 15 obras antiguas y 60 colecciones de periódicos.

Puede visitarse de 9 a 11 a. m. y de 2 a 4 p. m.

Archivo Nacional

El Archivo Nacional está dividido en cinco departamentos, que contienen:

1. Manuscritos de la época colonial, manuscritos de los Congresos y Gobierno de la República y títulos de propiedades.

2. Colección de periódicos oficiales y semioficiales del país, y libros de los Ministerios y de los Congresos, folletos de diferentes clases y de todos los ramos, depósito de canjes.

3. Colecciones de periódicos de Centro-América y extranjeros.

4. Archivo de los libros y documentos del Telégrafo.

5. Archivo del Tribunal de Cuentas.

Para hacer consultas en el Archivo no hay más que dirigirse al director; pero para sacar copias se necesita autorización del ministro respectivo.

Diversiones públicas

Las diversiones públicas revisten diferentes caracteres según el lugar. Las principales son las que originan las fiestas nacionales y en especial las del 15 de septiembre, que conmemora la independencia de Centro-América en 1821.

Las celebraciones del culto católico asumen generalmente el carácter de fiestas populares.

Entre las diversiones públicas, especialmente en la capital, pueden citarse los conciertos, los paseos públicos, espectáculos taurinos y acrobáticos.

Policía

En la capital la Policía es costeada por el Gobierno. Consta de 75 plazas.

En todas las cabeceras departamentales hay cuerpos de policía regularmente establecidos, y los gastos que ocasionan son generalmente erogados por las Municipalidades respectivas.

En los demás Municipios, la policía se ejerce por medio de alcaldes auxiliares.

El extranjero goza de toda clase de seguridades.

Ejército

El servicio militar es obligatorio para todos los hondureños desde la edad de 21 años, perteneciendo al ejército activo hasta la edad de 30 años y a la reserva hasta la de cuarenta.

El ejército actual del Estado se compone de un total de 38,075 plazas, distribuidas como sigue:

Jefes superiores	380
Oficiales	1,695
Soldados	36,000
Total	38,075

Imprentas

En todo el Estado hay ocho Imprentas, contando con la Nacional, establecida en un magnífico edificio adecuado a su destino y bien provista de un completo material.

Se publican, además del periódico oficial y el "Boletín Legislativo", dos periódicos políticos bisemanales y una revista literaria en la capital. Hay también en los departamentos algunas publicaciones periódicas.

Existe en la capital una Litografía Nacional, que es la mejor de Centro-América. Uno de los trabajos más importantes que se han llevado a cabo en este interesante establecimiento fue la impresión de la nueva emisión de sellos postales.

TEGUCIGALPA: 18 DE AGOSTO DE 1894.

EL PENSAMIENTO.

SEMANAL LITERARIO.

DIRECTOR:

F. TURCIOS.

NUM. 9.°

CONTENIDO:

I. Pobre corazón, por Leonor.—II. Pobre poeta, por Lucila Gamero.—III. Las dos musas, poesía, por F. Turcios.—IV. Tarjetas, por Arturo A. Ambrogi.—V. La cantadora, por Manuel Reina.—VI. Primaveral, poesía, por F. Turcios.—VII. Notas, por la Dirección.

TEGUCIGALPA.

TIPOGRAFIA NACIONAL.

1894.

Honduras tenía las mejores imprentas de Centroamérica.

40

MONEDA

Moneda y Casa de La Moneda

La unidad monetaria es el peso fuerte de plata, de 25 gramos de peso y ley de 900 milésimos, dividido en cien centavos.

La moneda fraccionaria es de: $0.50, $0.25, $0.20, $0.10, $0.05 de plata y es $0.01 de cobre.

Corre como moneda nacional de oro: piezas de $20.00, $10.00, $5.00 y $1.00.

En la Casa de Moneda se acuñaron durante el año fiscal anterior 17,310 marcos de plata, procedentes en su mayor parte de las minas del departamento de Tegucigalpa, explotadas en pequeño, porque las empresas mineras de alguna consideración exportan directamente sus productos, además de la que muchos comerciantes compran a los mineros o cateadores, que son muy expertos en todo cuanto respecta a la extracción de los metales por los más primitivos procedimientos.

También se reacuñaron algunos pesos mexicanos y algo de moneda lisa que se había retirado de la circulación.

Se acuñó algo de cobre y muy poco oro.
El número de piezas acuñadas fue:

Piezas de oro de $5	55
Piezas de plata de $1	21,492
Piezas de plata de $0.25	274,075
Piezas de plata de $0.10	36,175
Piezas de cobre de $0.01	60,700
Total de piezas acuñadas	372,497

Pesos y Medidas

Por decreto de la Asamblea Nacional Constituyente, el sistema métrico decimal rige desde el 1.º de abril del corriente año, pero en la práctica son las antiguas medidas y los pesos españoles los que están en uso.

Operaciones Mercantiles

Modo de adquirir terrenos

Los terrenos en Honduras pueden clasificarse en tres categorías: Nacionales, Municipales y Particulares.

Para adquirir los Nacionales, debe el interesado o su representante presentarse a la Administración de Rentas del departamento al que pertenece el terreno, haciendo la denuncia, con expresión de los límites y el nombre del terreno. Después de ser reconocido como Nacional, se nombra un Agrimensor para que lo mida; después de cuya medida, decreta el Administrador la venta en asta pública y fija día para el remate, el que se hace en el mejor postor, teniendo el denunciante el derecho del tanto. Después de aprobado el remate, conforme a la ley, se paga el valor.

Los precios fijados son $0.50 por manzana propia para repasto de ganado, $1.00 por los terrenos adecuados para la agricultura, $2.00 por manzana en los terrenos situados en las márgenes de los ríos navegables o de los lagos que están comunicados con éstos a distancia de una legua de cada lado. (La manzana es un cuadrado de cien varas por lado, equivalente a 6,972 metros cuadrados o a dos acres).

El expediente creado, con los documentos de pago, compulsa, registro, etc., constituyen el Título de propiedad.

El Gobierno puede prohibir la venta de los terrenos nacionales del litoral de ambos mares, hasta dos leguas al interior, lo mismo que la enajenación de islas y cayos.

Pero tanto los hondureños como los extranjeros pueden adquirir terrenos nacionales sin comprarlos, solicitando de la autoridad respectiva una cantidad de terreno proporcionada, para formar fincas de café, cacao, hule, vainilla, índigo, caña de azúcar, algodón, vid, olivo, ramio, henequén, banano o plátano, cocos y repastos.

La ley prescribe las tramitaciones y condiciones.

Los agricultores y ganaderos gozan de ciertas prerrogativas, como exención del servicio militar y de impuestos fiscales y municipales por la maquinaria, herramienta de agricultura, materiales para construcción de casas, animales para mejorar las razas, semilla, etc., etc.

Los terrenos municipales no se pueden comprar, pero puede obtenerse el dominio útil mediante el pago de un canon anual muy moderado. La solicitud debe hacerse al municipio respectivo.

Los terrenos de particulares se obtienen por contratos, como en todas partes.

Garantías a los extranjeros

Los habitantes de Honduras se dividen en naturales, naturalizados y extranjeros.

Son naturales: los nacidos en Honduras, o los hijos de padre o madre hondureños nacidos en el exterior que opten por la nacionalidad hondureña. Se consideran como naturales los hijos de las demás Repúblicas de Centro-América que manifiesten ante la autoridad respectiva su deseo de ser hondureños.

Son naturalizados: los Hispanoamericanos que tengan un año de residencia o los demás extranjeros que tengan dos años de residencia y que manifiesten el deseo de naturalizarse ante la autoridad respectiva, y una vez naturalizados tienen los mismos derechos y obligaciones que los naturales; pero son inhábiles para desempeñar ciertos cargos públicos que determina la ley.

Son extranjeros: todos los que no siendo naturales no hayan solicitado la naturalización según la ley.

Los extranjeros deben observar las leyes y respetar las autoridades establecidas en el país; gozan de los mismos derechos y obligaciones civiles que los hondureños, pero no de los derechos políticos. En consecuencia, no pueden ejercer el sufragio, ni optar a cargos públicos, ni inmiscuirse en los asuntos políticos. Si voluntariamente usaren de estos derechos, serán responsables de sus actos, como los hondureños. Pueden, sí, adquirir bienes en el Estado, sujetándose a los cargos ordinarios y extraordinarios que rigen la propiedad. Están exentos del servicio militar, pero no de los cargos concejiles. Tienen derecho a invocar y recurrir a la protección de su país por la vía diplomática, conforme a los tratados y convenciones existentes, a los preceptos constitucionales y al derecho internacional.

Los delitos perpetrados en Honduras, aunque sean de extranjeros contra extranjeros o contra nacionales, serán castigados con arreglo a las leyes del Estado.

La pena de muerte está abolida

Los casos en que el Estado puede negar a los extranjeros la entrada al país o decretar su expulsión son los siguientes: 1.º Padecimiento de enfermedades graves contagiosas. 2.º Los que en otro país hayan cometido delitos graves que no sean justificables en Honduras. 3.º Los que alteren o intenten alterar el orden público. 4.º Los que fueren de conducta notoriamente viciada o conocidamente perturbadora del orden y de la tranquilidad pública.

La naturalización en el país de un delincuente no le exime de la extradición, juicio y castigo a que está sujeto, según los tratados y el derecho internacional. La extradición, sin embargo, sólo podrá otorgarse por delitos comunes graves, nunca por delitos políticos, aunque por consecuencia de éstos resulte un delito común.

La naturalización de un extranjero queda sin efecto, cuando el individuo resida en el país de su origen más de dos años.

Consideraciones generales

Las frecuentes revoluciones que han afligido a los países Latinoamericanos, desde la época de su independencia, son la causa principal del descrédito en que han caído la mayor parte de estas nacionalidades.

Hay algunas entre ellas que, más que otras, gozan de la funesta fama de permanecer en constante movimiento revolucionario. Honduras se encuentra en este número; injustamente hasta cierto punto, porque en esta sección, como en las demás de Centro-América, ha habido prolongados períodos de paz. La malhadada fama, sin embargo, la ha perseguido siempre, procediendo de allí que el capital y la inmigración se mantengan alejados, y más todavía, que el moderno periodismo y hasta la ciencia se hayan abstenido de mandar exploradores que estudien y hagan conocer al mundo los variados y valiosísimos recursos que a manos llenas brinda la naturaleza de este privilegiado suelo.

En tales condiciones, Honduras, tal como es, permanece casi ignorado, desconocido del mundo financiero, apartado de la corriente de emigración que del viejo mundo se dirige al Nuevo Continente para fecundarlo con su trabajo, y olvidado y abandonado por la ciencia y por el periodismo.

Los inapreciables trabajos de Squier, de Wells y de otros viajeros quedan como volúmenes que tan sólo sirven para adornar las bibliotecas, sin que pueda sacarse de ellos los frutos que debieran dar, porque se tiene la idea preconcebida de que la tierra hondureña es sólo fecunda para que germinen y se produzcan revoluciones.

¡Revoluciones! Sí, las ha habido y las hay en Honduras, pero también las ha habido y las hay en Chile, La Argentina, El Brasil, Costa-Rica, El Salvador, Guatemala y Méjico. No obstante, estos países prosperan, progresan; siendo anchurosos campos en donde el capitalista y el trabajador del Viejo Mundo encuentran amplia remuneración y un porvenir tan lisonjero, como no ofrecen ya los Estados Unidos del Norte, en donde la lucha por la existencia es tan encarnizada como en los más viejos y más explotados países del Continente europeo, y en donde ya tiene asiento la muerte por el hambre y sus fatídicos cortejos el Socialismo y la Anarquía.

El Estado de Honduras, mientras tanto, a las puertas de Europa, con su admirable posición geográfica, con sus salubres climas, con sus vastos campos, propicios a la más variada agricultura, con sus montañas que encierran los más valiosos metales y las más apetecidas piedras preciosas, con sus inmensos bosques de las más útiles maderas y plantas medicinales e industriales, permanece ignorado, muy poco poblado y en una miseria relativa, porque en medio de esta miseria nadie muere de hambre por falta de alimentos, que prodiga a su exuberante naturaleza.

Y todo, ¿por qué? Porque se cree que las revoluciones en este suelo son fuego destructor, que asola campos, hace desaparecer las ciudades y convierte en montones de ruinas las más florecientes empresas. Craso error es éste, del que hay que salir, pues allí están pruebas fehacientes de lo contrario:

La New York and Rosario Mining Company, en San Juancito, establecida hace 17 años, que nunca ha interrumpido sus trabajos, que toma cada año mayor incremento y cuyas utilidades se cifran por millones. Los lavados de oro del ciudadano norteamericano don Federico Bell, que han presenciado tres o cuatro disturbios revolucionarios, en prosperidad y progreso.

Las empresas comerciales, agrícolas y mineras de los señores Rössner, G. Bähr, A. Bernhard, R. Streber, súbditos alemanes.

Frasquell, Abadie, Berlióz, ciudadanos franceses. Hunt, Alger, Clark & Co., norteamericanos. Panting, Campbell, Binney, Coplain, Girbal, súbditos ingleses. Cabús, Gosst, Fernández, súbditos españoles. Pizzatti, súbdito italiano. D. Robles, costarricense. O. Rodríguez, guatemalteco. Ignacio Agurcia, Daniel Fortín, Santos Soto, Jesús Estrada, Zelaya, S. Láinez, Uclés, C. Velásquez, Planas, M. Córdova, Gamero, Midence, Sánchez, C. Alvarado, I. Matute, Margarito López, Pineda, Urquía, Chacón, Arellano, Huezo, J. M. Fiallos, M. Paz, etc., ciudadanos hondureños. Todas están demostrando que, si las revoluciones son una rémora, no lo son al grado que se cree, para aquellos que con perseverancia, inteligencia y actividad se dedican a sus negocios, sin mezclarse en las contiendas de los partidos políticos.

Ha habido, sí, un grave mal peor que todas las revoluciones, y este ha sido la legión de especuladores que han adquirido concesiones de las que se han servido o han intentado servirse, para levantar rápidas fortunas, basadas en la explotación de la ignorancia, cuyo capital en muchas ocasiones ha consistido no más que en su audacia, en su propia mala fe y en la credulidad de los pobres engañados; tal el ferrocarril interoceánico que, habiendo comenzado en 1867 a ser la más infame explotación, ha continuado siendo el caballo de batalla de la especulación y la más genuina fuente del descrédito de Honduras.

Si Honduras es un tanto conocido en los mercados de Londres y de París, lo es, más que por sus riquezas, por la enorme deuda que contrajo para llevar a cabo esa magna obra. Esos fondos, en vez de servir para construir el ferrocarril, se dedicaron a formar colosales fortunas a individuos que, si hoy arrastran en Francia, Inglaterra y España magníficos carruajes y habitan suntuosos y regios palacios, debieran estar arrastrando cadenas si no se hubieran sustraído de la acción de la justicia.

Otros han habido que, iniciando empresas de por sí brillantes y de gran porvenir, las han convertido en descalabros y en ruinas, por ineptitud, por despilfarro o por mala fe.

Tiempo es ya de rehabilitar este país tan postergado; tiempo es de que se desvanezcan las densas tinieblas que le cubren y que aparezca al mundo tal como es, que entre a figurar en el concierto de los países civilizados y que con sus múltiples y extraordinarios elementos venga a contribuir al bienestar y al progreso de la humanidad en la digna escala a que está llamado a hacerlo.

Esta es la razón por la que, anticipándonos al informe completo y detallado, que de acuerdo con el presidente de nuestra Comisión debemos dar al Gobierno de la República Francesa, damos hoy esta breve noticia, que sintetiza en los términos más claros que nos ha sido posible, y con el espíritu de verdad, lo que hemos aprendido, lo que hemos visto y lo que hemos sentido en el curso de nuestras exploraciones y permanencia en el país.

Ojalá que este ligero trabajo sea tan útil como lo deseamos; será nuestra mayor recompensa y el mejor voto de gratitud que podamos tributar al pueblo hondureño y a sus dignos presidente y Gobierno por la benévola acogida que la Comisión en general y sus miembros en particular les han merecido.

Tegucigalpa: 22 de junio de 1897.

Henry G. Bourgeois,
Ingeniero Civil.

Manuel Lemus,
Secretario
.

OBRAS QUE PUEDEN CONSULTARSE

Anuario Estadístico, 1889. —Antonio R. Vallejo. —Tegucigalpa.
The Statesman's Yearbook. —London.
Foreign Office Annual Series. —London.
Honduras Bulletin. —Bureau of the American Republics. —Washington. —U. S. A.
Squier G.—New York. — (Notes on Honduras.)
Bates H. W.—Central and South America, 1882. —London.
Charles C.—Honduras and Chicago, 1890.
Reclus E.—Géographie Universelle. —Volume 6. —Paris.
Fiallos E. C.—Sketch of Central America.
Fröbel J.—Seven years travel in Central America. —London, 1853.
González D.—Geografía de Centro-América. —Guatemala.
Rivas V.—
Lombard F.—The New Honduras. —New York.
Marr W.—Reise nach Central America. —Hamburg.
Pelletier E.—Honduras et ses ports. —Paris.
Reichardt M.—Centro-América. —Braunschweig.
Report of the Council of the Corporation of Foreign Bondholders. —London.
Scherzer R.—Wanderungen durch die Mittelamerikanischen Freistaaten, Nicaragua, Honduras, and El Salvador. —Braunschweig.
Soltera M.—A Lady's Ride across Spanish Honduras. —London.
Guillén E.—División Político Territorial, Estadística. —Tegucigalpa, 1896.
Bancroft. —History. —Honduras.
Vallejo A. R.—Historia de Honduras. —Tegucigalpa.

CENTROS DE INFORMACIÓN EN HONDURAS

Ministerio de Fomento y Obras Públicas. —Tegucigalpa.
Dirección General de Estadística. —
Gobernación Política de cada uno de los departamentos.

PERSONAS QUE PUEDEN INFORMAR SOBRE COMERCIO

Daniel Fortín
Ignacio Agurcia
Santos Soto
Ricardo Streber
J. Rössner y C.ª
P. Abadie y C.ª

PERSONAS QUE PUEDEN INFORMAR SOBRE MINAS

E. C. Fiallos,
Ingeniero R. López
Rafael Fiallos, Doctor
E. A. Burke
Dr. R. Fitzgartner
R. Streber
Mónico Córdova
Daniel Fortín

PERSONAS QUE PUEDEN INFORMAR SOBRE AGRICULTURA

E. C. Fiallos
Dr. D. Robles
Máximo B. Rosales
Jesús B. Guillén
M. Gamero
Soltero Barahona

CENTROS DE INFORMACIÓN EN EL EXTERIOR

Los ministros Representantes de la República Mayor de Centro América.

Los Cónsules de la República Mayor de Centro América.

DOCTOR DON POLICARPO BONILLA

Socio Honorario de "La Juventud Hondureña"

Policarpo Bonilla en la edición de la revista Juventud Hondureña, 31 de enero de 1987.

CONTENIDO

CARTA AL PRESIDENTE POLICARPO BONILLA 5

RESPUESTA DEL PRESIDENTE POLICARPO BONILLA... 9

GEOGRAFÍA Y POBLACIÓN 11

ADMINISTRACIÓN GUBERNAMENTAL 19

PRODUCCIÓN NACIONAL 21

VÍAS Y MEDIOS DE COMUNICACIÓN 31

IDIOMA Y RELIGIÓN.. 35

INSTITUCIONALIDAD PÚBLICA 37

MONEDA 41